O Caminho do Autoconhecimento

3ª Edição

Radha Burnier

O Caminho do Autoconhecimento

Texto de uma palestra em homenagem a H.P. Blavatsky, proferida na Convenção Anual da Sociedade Teosófica na Inglaterra, em 26 de maio de 1979

Tradução:

Ana Rosa Lopes Bulhões

Editora Teosófica
Brasília-DF

Título do original em inglês:
The Way of Self-knowledge

Theosophical Publishing House,
Adyar, Chennai, Índia, 600 020.

3ª edição em inglês, 1984.
3ª edição em português, 2015.

EDITORA TEOSÓFICA
SGAS, Quadra 603, Conj. E, s/nº,
70.200-630 Brasília, DF — Brasil
Tel.: (61) 322-7843
Fax: (61) 226-3703
Home Page: www.editorateosofica.com.br
E-mail: editorateosofica@editorateosofica.com.br

B963

O Caminho do Autoconhecimento

Radha Burnier

3ª Edição, Brasília, 2015

ISBN 85-85961-31-7

Assunto: 1. Teosofia
2. Sabedoria Divina
3. Autoconhecimento

CDD 212

Capa:
Marcelos Ramos
Diagramação:
Reginaldo Alves Araújo
Revisão Editorial:
Zeneida Cereja da Silva

Sumário

"Para alcançar o *Nirvana* é preciso alcançar o autoconhecimento, e o autoconhecimento é fruto de atos bondosos."[1]

A sra. Helena P. Blavatsky (H.P.B.), em cuja homenagem essa palestra é proferida, era, segundo seus instrutores, "uma

[1] H.P. Blavatsky, *A Voz do Silêncio*. (N.E.).

mulher de dons maravilhosos e excepcionais".

Ela possuía não só o que aos olhos do mundo pareceriam dons, isto é, aptidões artísticas e talento intelectual extraordinários, mas também uma capacidade inata de enxergar as verdades ocultas da natureza e da vida.

Como forma de expressar gratidão e prestar-lhe uma homenagem, devemos procurar entender o problema da escravidão e da libertação humana, um problema que a própria H.P.B. ajudou a esclarecer em grande parte. No entanto, cabe a cada indivíduo desvendá-lo e compreendê-lo por esforço próprio, ainda que possa ter ajuda de guias mais experientes.

H.P.B. foi enfática ao declarar que, embora a Teosofia não seja uma religião em si, é a própria Religião. A Religião-Sabedoria é a fonte da qual se originaram todas as verdadeiras religiões ensinadas no mundo. "É a Sabedoria Divina, ou Sabedoria dos Deuses."[2] É um retirar do véu que encobre verdades extremamente antigas.

Embora tenha sido apresentada de muitas formas, a Teosofia ainda continua sendo a sabedoria oculta, ou doutrina secreta, conhecida na Índia antiga como *gupta vidya.* Sua essência não pode ser transmitida, uma vez que é uma autorrevelação, um brilho dos poderes que estavam latentes.

---

[2] H.P.B., *A Chave Para a Teosofia*, Editora Teosófica, 1991, Brasília. (N. E.)

"A iluminação deve vir do interior."[3]

Diz H.P.B.: "Uma Religião, em seu sentido verdadeiro e exato, é um laço que une os homens – não um conjunto específico de dogmas e crenças. A religião, em seu sentido mais amplo, é aquilo que une não só todos os HOMENS, mas também *todos* os SERES e todas as *coisas* do universo inteiro

---

[3] *Cartas dos Mahatmas Para A.P. Sinnett*, Carta 20, edição cronológica, Editora Teosófica, Brasília (Carta 49, na 3ª ed., em inglês, de Adyar). (N. E.)

em um grande conjunto."[4] É um elo de união tão universal e abrangente que nenhum homem ou partícula – dos deuses e mortais aos animais, das folhas de grama aos átomos – pode ficar fora da sua luz.

É sobre essa verdade da Religião-Sabedoria, também conhecida como Teosofia, que se baseia o primeiro objetivo da

---

[4] *A Teosofia É Uma Religião?*, Revista *Lúcifer,* 1888. (N. E.)

Sociedade Teosófica, isto é, formar uma fraternidade universal sem exceções.

A fraternidade universal buscada pela Sociedade Teosófica não pode ser uma fraternidade fraca, uma reunião de pessoas em um nível externo com um desejo de produzir um relacionamento social melhor. Ela tem que ter raízes muito mais profundas, e deve levar todos os que aceitam os objetivos da Sociedade a uma compreensão cada vez mais forte daquele Ser Único que é o princípio que dá vida a todos e constitui, também, o elo de união entre eles.

Para que tenha valor real, o núcleo de Fraternidade Universal deve possuir uma qualidade "regeneradora e prática".

□ Experiência Própria

Os estudantes sérios de Teosofia devem querer mais do que estudar teoricamente as verdades ensinadas na literatura teosófica. Eles devem se esforçar para conhecer a verdade através da experiência própria, com o objetivo de alcançar a sabedoria e a força necessárias para ajudar os outros de forma eficaz e sábia, e não cega e casualmente.[5] O que chamamos Teosofia só é realmente Teosofia na medida em que, através do seu estudo, a verdade funda-mental da Existência Una é gradualmente compreendida.

A mera especulação intelectual, os debates sobre assuntos

---

5 *A Chave Para a Teosofia,* H.P.B., obra citada. (N. E.)

cosmológicos e antropológicos e a compreensão conceitual de diversos detalhes abordados pela vasta literatura teosófica disponível não significam conhecer a Teosofia.

"Não é possível alcançar a compreensão das fases mais elevadas da existência do homem nesse planeta através de uma mera obtenção de conhecimento. Nem sequer grandes volumes de informação muito bem articulada podem revelar ao homem a vida das regiões mais elevadas. É preciso obter conhecimento dos fatos espirituais através da experiência própria."[6] A expressão "mais elevadas" significa espiritualmente mais perfeitas, como o autor da frase salientou em outra carta.

Segundo H.P.B., no texto intitulado *A Doutrina Secreta e*

---

[6] *Cartas dos Mahatmas Para A.P. Sinnett,* Carta 65 da edição cronológica, Editora Teosófica, Brasília; Carta 11, na 3ª ed., em inglês, de Adyar. (N. E.)

Seu Estudo:[7] "É pior que inútil procurar aqueles que imaginamos ser alunos adiantados e pedir-lhes uma interpretação da doutrina secreta. Eles não podem fazê-lo. Se tentarem, só conseguirão dar simples interpretações exotéricas que não se assemelham, nem de longe, à Verdade. Aceitar tais

---

[7] Publicado como *Apêndice A* no livro *Fundamentos da Filosofia Esotérica,* de H.P. Blavatsky, Editora Teosófica, 1991, Brasília. Ver p. 77 e seguintes. (N. E.)

interpretações significa prender-nos a ideias fixas, porque a Verdade está além de quaisquer ideias que possamos formular ou expressar."

As interpretações exotéricas podem ser úteis quando consideradas como simples indicadores, e nada mais. "É um erro pensar que se pode encontrar uma descrição satisfatória da formação do universo em *A Doutrina Secreta*, pois só o que se conseguirá é ficar confuso com o seu estudo. O objetivo desta obra não é dar um veredicto definitivo sobre a existência, mas sim *conduzir o leitor em direção à Verdade.*"

H. P. Blavatsky adverte que ao estudar *A Doutrina Secreta* – ou, como poderíamos dizer igualmente, ao estudar Teosofia – a mente deve levar sempre em conta algumas verdades essenciais, sendo a primeira delas a Unidade fundamental de Toda Existência. Tendo presente essa verdade em qualquer situação, ao estudar, viver ou agir, surge uma consciência religiosa que deve ser o princípio do verdadeiro conhecimento teosófico. "O Espírito, ou a Vida, é indivisível."[8] "Cada molécula é parte da vida universal."[9]

Ter consciência religiosa é ir rumo ao Uno indivisível e perceber intuitivamente a sua Verdade. Uma

---

[8] *Cartas dos Mahatmas Para A.P. Sinnett,* obra citada, Carta nº 44, ed. cronológica. (N. E.)

[9] *Cartas dos Mahatmas Para A.P. Sinnett,* obra citada, Carta nº 66, ed. cronológica. (N. E.)

vez que Teosofia em si mesma não é diferente de Religião no sentido mais verdadeiro do termo, o seu estudo deve produzir essa consciência religiosa. Aqui podemos relembrar aquela inspiradora afirmação que diz que o primeiro passo é o último passo.[10] Talvez possamos ver nessa afirmação o seguinte significado, entre outros: quando se decide seguir numa determinada direção, já o primeiro

[10] A afirmação é de J. Krishnamurti. (N. E.)

passo deve avançar na direção escolhida, e não na direção oposta. A direção oposta só nos levaria à inverdade.

Assim, se o que tentamos compreender é a Religião-Sabedoria, desde o começo o estudo, a vida e a ação devem ter uma substância tal que faça surgir deles a percepção religiosa que conduz a pessoa à direção certa.

H.P.B. explica a verdade da unidade da seguinte maneira: "Essa unidade é algo totalmente diferente da ideia comum de unidade – como quando dizemos que uma nação ou um exército é unido... a existência é uma coisa Una, não uma coleção de coisas reunidas. Basicamente, temos o Ser Uno...Como ele é absoluto, não há nada fora dele. É o Ser Total. É indivisível, caso contrário não seria absoluto. Se uma parte dele pudesse ser separada, a parte que restasse não poderia ser absoluta, porque surgiria imediatamente a questão da comparação entre ela e a parte que foi separada. A comparação é incompatível com qualquer ideia de absoluto."[11]

☐ O Sofrimento e o Mal

Segundo o antigo *Katha Upanixade,* aquele que só vê diversidade aqui (isto é, na criação) passa da morte para a morte. É desnecessário dizer que é vendo a diversidade que o homem cria o sofrimento psicológico para si

---

[11] *A Doutrina Secreta e Seu Estudo*, em *Fundamentos da Filosofia Esotérica,* obra citada. (N. E.)

mesmo. Ao separar o "eu" do "você" e de todos os "outros", ele passa sua vida competindo, em conflito, tentando em vão *ser mais* – mais poderoso, mais importante, mais reconhecido, e assim por diante.

Como os olhos humanos ainda não foram iluminados pela percepção religiosa, a natureza e a vida do homem têm sido as mesmas há milhões de anos. Para salientar esse fato, um sábio escreveu: "...é o mesmo agora como há milhões de anos:

preconceito baseado no egoísmo; uma resistência geral a abandonar uma ordem estabelecida de coisas em função de novos modos de vida e de pensamento...orgulho, e uma teimosa resistência à Verdade, quando ela abala as suas noções prévias sobre as coisas – essas são as características da sua época."[12]

Toda a sociedade humana, organizada por pensamentos

---

[12] *Cartas dos Mahatmas Para A.P. Sinnett*, obra citada, Carta nº 1. (N. E.)

humanos, estimula e alimenta as emoções, os pensamentos, as teorias e as ações que levam cada vez mais à separação e, como resultado, a mais sofrimento psicológico. O sofrimento e o mal são os dois produtos da inverdade nas mentes divididas e separativas dos homens.

Tanto o sofrimento quanto o mal existem apenas na esfera da existência humana. Embora os animais sofram – infelizmente a crueldade humana lhes causa um sofrimento terrível – eles não precisam suportar a tristeza, que é destino apenas do homem, pois é um produto da mente. O sofrimento psicológico é uma parte da submissão da mente ao passado. Ele é a lembrança de experiências passadas e a projeção de acontecimentos futuros. É a autoconsciência que nos faz pensar sobre nossa própria condição.

O mal também só existe entre os homens. Não há mal algum na Natureza. Quando um tigre ataca um cervo, ele é movido por sua natureza, de forma inconsciente e inocente, sem que haja mal algum nisso. No entanto, dotados de uma mente e da capacidade de pensar sobre o certo e o errado, os seres humanos criam o mal, afastando-se de sua natureza original e destruindo sua inocência e espontaneidade. Tudo o que consideramos mau é resultado apenas da ação do homem. "O verdadeiro mal origina-se da inteligência humana, e essa origem está totalmente nas mãos do homem racional, que se dissocia da

Natureza. A humanidade é, assim, a única e verdadeira fonte do mal."[13]

☐ A Sabedoria é *Prática*

A pureza é recuperada quando a ação surge de uma consciência religiosa, na qual não há separação entre o "eu" e o outro.

A sabedoria consiste nessa ação. Ela é diferente do conhe-

[13] *Cartas dos Mahatmas Para A.P. Sinnett,* obra citada, Carta nº 88, edição cronológica. (N. E.)

cimento, em todos os aspectos. Conhecimento, no sentido usual do termo, é conhecimento de fatos. É uma acumulação de informações, e não exige que haja uma ação de acordo com os fatos ou com a informação conhecida.

A sabedoria tem características totalmente diferentes, pois não pode existir sem que se expresse na qualidade dos relacionamentos e das ações. Por isso, a sabedoria é sempre *prática*. Onde quer que haja uma divergência entre pensamento e ação, teoria e prática, haverá ausência de sabedoria. Tais divergências são uma negação da verdade.

Como a Teosofia é a Religião--Sabedoria, ela exige que haja um progresso contínuo na eliminação da distância entre o pensamento e a teoria, de um lado, e a ação e o relacionamento, de outro. O estudo teosófico só é válido se realmente eliminar esta distância.

Estudar Teosofia implica que os contatos e as relações com o mundo, em todos os níveis, devem-nos aproximar ao máximo da compreensão da unidade do ser. Na Natureza, a existência de inúmeras formas, ilimitadamente diferentes, tem um propósito e é parte de um plano.

Quando gera competição e luta, a diversidade aprisiona a mente humana na ilusão, no sofrimento e no mal. Mas, quando é vista de forma correta, pode também elevar a mente ao silêncio e à meditação. Através da observação da incrível diversidade, surge uma consciência mais interna da unidade subjacente – da singularidade da força que vive e se movimenta nas formas – do que era possível para aquela consciência inicial, que nunca se movia na diversidade. As formas nascem e se dissolvem diariamente, de hora em hora, num fluxo e em uma mudança contínua.

Aquele que foi considerado "o primeiro entre os homens", o Senhor Buda, ensinou que todas as coisas compostas devem ter um fim. Não há exceção a essa regra.

Todas as formas, por mais bonitas e nobres que sejam, precisam mudar. Todos sistemas, civilizações e coisas externas precisam morrer e nascer outra vez. "O que é a vida objetiva exceto um espetáculo de vívidas irrealidades!"[14] O estudante tem que observar e meditar a esse respeito e perceber, através da observação contemplativa do mundo externo, o poder que está além dos fenô-

---

[14] *Cartas dos Mahatmas Para A.P. Sinnett,* obra citada, Carta nº 68 na edição cronológica. (N. E.)

menos da vida, "que não é ouvido, nem visto, nem sentido pelo olfato, mas é percebido pelo homem que deseja a percepção".[15]

O cientista sabe que a matéria é destrutível e muda de forma, mas que a energia permanece. O teosofista aprende que todas as formas são mutáveis e compostas e que, no entanto, há – em planos invisíveis, mas perceptíveis – aquilo que

[15] *Luz no Caminho,* Mabel Collins, Editora Teosófica, 1999, ver p. 67. (N. E.)

é imutável e indivisível. Quando o dia a dia é vivido sem a calma observação e avaliação de tudo o que ocorre no mundo – e quando não alcançamos, deste modo, vislumbres da existência imortal, una e subjacente – caímos em um estado de cegueira que os *Upanixades* chamam de mortalidade. A imortalidade só é possível para aquele que não fica cego pela flutuação dos fenômenos e pela diversidade das formas, mas permite que seus olhos se tornem mais e mais sensíveis à essência interior.

□ A Unidade da Natureza

A compreensão da Teosofia requer que se observe não apenas as formas e os fenômenos do mundo material e concreto, mas também os movimentos e as atividades do mundo psicológico, pelo qual o homem está preso e condicionado. *Luz no Caminho* ensina: "Observa intensamente toda a vida que te rodeia. Aprende a olhar inteligentemente os corações dos homens. Observa com muita seriedade o teu próprio coração."[16] A essas palavras foi acrescentado o seguinte comentário: "Estuda os corações dos homens a fim de que possas conhecer este mundo em que vives e do qual desejas fazer parte. Observa a vida em constante

[16] *Luz no Caminho,* obra citada. Veja os aforismos II-9, II-10 e II-11, pp. 83 a 86. (N. E.)

mutação e movimento que te rodeia, pois ela é formada pelos corações dos homens; e, à medida que aprenderes a perceber sua natureza e seu significado, gradualmente serás capaz de ler a palavra maior da vida.” Aqui, também, o estudo da mente e do coração do homem não deve levar a mais divisão, e sim a uma percepção da unidade existente na natureza humana.

Ao observar os modos da mente, é fácil apontar os defeitos

dos outros e dizer: “Ele é mau” ou “ele é feio”. Quando se olha para si mesmo, a descrição é feita em termos opostos, sempre encontrando algo admirável, digno de respeito e reconhecimento.

Assim o processo de divisão continua, e o problema do mal se espalha, pois todo o mundo está agindo dessa maneira e somente dessa maneira. Os numerosos conflitos de classe, raça, religião, família e outros começam assim: “Você é isso” e “eu sou aquilo”.

Essa forma de pensar dos homens, sempre dividindo e separando, só vem comprovar ao indivíduo atento que a mente humana é igual em todos, pois encontramos divisão em todos os lugares.

A própria natureza da mente, que todos compartilhamos e que pertence a todos nós, é movida por distinções. Ela cria a imagem do "eu", formada pelas muitas descrições que alguém fez de si mesmo, com base em lembranças e na identificação do eu com essas lembranças em uma linha única imaginária. Como H.P.B. deixou claro em *A Chave Para a Teosofia*, a ideia de um "sr. Smith"[17] na realidade se refere à longa série de experiências diárias enlaçadas pela linha da memória, e que formam o que o sr. Smith chama de "ele mesmo" – é esse conjunto de experiências reunidas que o estudo da Teosofia deveria fazer a pessoa *perceber* como

---

[17] Isto é, um cidadão qualquer. (N. E.)

falsa personalidade (ao invés de ficar apenas falando sobre ela). "A percepção consciente da personalidade que se tem na Terra não passa de um sonho fugidio."[18]

Com a descoberta de que cada pessoa atribui a si mesma uma personalidade falsa, que pensa ser seu eu verdadeiro, passa-se a saber que existe unidade também no âmbito da mente, pois per-

---

[18] *Cartas dos Mahatmas Para A.P. Sinnett,* obra citada, Carta nº 68 na edição cronológica. (N. E.)

cebe-se que ela segue sempre o mesmo modelo, onde quer que atue. Por isso, H.P.B. disse que não se pode falar de "sua mente" e "minha mente"; existe apenas a mente. Ao observar seriamente os corações dos homens e o seu próprio, a pessoa percebe a ilusão em que se encontra devido ao antigo hábito de descrever, rotular e chegar a conclusões sobre a sua própria natureza e a dos outros.

De acordo com os ensinamentos de H.P.B., "o homem é o

microcosmo. E assim sendo, todas as hierarquias dos céus existem dentro dele. Porém, na verdade, não há nem macrocosmo nem microcosmo, mas a Existência Una. Só uma consciência limitada vê coisas grandes e pequenas."[19] Essa existência una "transcende o poder da concepção humana e toda expressão ou comparação da mente humana não poderia senão

[19] *A Doutrina Secreta e Seu Estudo*, texto incluído no livro *Fundamentos da Filosofia Esotérica*, obra citada. (N. E.)

diminuí-la. Está além do horizonte e do alcance do pensamento". Nas palavras do *Mandukya Upanixade*, "é impensável e impronunciável".[20]

Como foi dito anteriormente, a Sabedoria ou Teosofia é uma consciência religiosa. Ela só surge quando há uma percepção, mesmo vaga, de que essa Existência Una é onipresente, existe em todas as coisas e em todos os lugares. Descrever e dar nome às suas

[20] *A Doutrina Secreta*, de H.P.B., Proêmio. (N. E.)

muitas manifestações, tirando conclusões que só poderiam ser equivocadas, pois pertenceriam ao pensamento, seria fechar a si mesmo em um estado de ilusão.

O verdadeiro estudante de Teosofia aprende a observar e entender sem rotular ou presumir que sabe. Sua observação leva ao reconhecimento de que a mente humana é essencialmente uma só; aqui também se percebe a unidade.

O progresso na Teosofia é a viagem do irreal para o real, das trevas para a luz, da morte para a imortalidade. O começo desse progresso está na compreensão de que o infinito não pode ser conhecido pelo finito. O imperecível não pode ser encontrado através do seu envolvimento com o perecível e composto. O verdadeiro estudo da Teosofia não se resume à literatura teosófica; é o estudo do livro da vida, a observação da natureza humana, a contemplação da Natureza e dos fenômenos do mundo, de maneira que a Existência Una possa ser percebida.

Em um dos *Upanixades* afirma-se que concentração ou *dharana* é o fluxo constante da mente em direção ao Uno. Há então a renúncia a qualquer pensamento de separação. Quando há *dharana*, todo pensamento e toda percepção levam a um movimento da consciência na direção do Uno.

A vida teosófica é, assim, um crescimento natural em direção ao altruísmo. A sabedoria não pode ser obtida por alguém que não tenha, no coração, amor à humanidade – mais ainda, a toda vida. "Sintonizaste o teu ser com o grande sofrimento da humanidade, ó candidato à luz? Sintonizaste?... Então podes entrar." Assim diz *A Voz do Silêncio*. Não pode haver amor numa mente onde só existe diversidade. É apenas quando a mente tem lampejos da unidade que ela começa a cuidar do outro. A partir deste momento não consegue descansar enquanto não encontra o modo de acabar com o sofrimento. A descoberta de que o sofrimento e o mal não estão nem nas circunstâncias nem no processo histórico, mas sim na mente e na ação humana, leva logicamente à busca da estrutura e da origem do sofrimento e do mal no processo psicológico do homem.

O Senhor Buda ensinou que devemos entender o sofrimento como a primeira nobre verdade e que, tendo consciência disso, o próximo passo a ser dado é examinar as raízes profundas desse sofrimento.

Aqui começa o trabalho de aquisição do autoconhecimento. É algo muito diferente de procurar alívio das dificuldades pessoais. Esse alívio nunca pode ser obtido, pois onde existe um objetivo egoísta não pode haver sabedoria, e sem sabedoria não há alívio. "As mais elevadas aspirações pelo bem-estar da humanidade ficam manchadas pelo egoísmo se na mente do filantropo ainda houver uma sombra de desejo de autobenefício ou uma tendência para fazer injustiça, mesmo quando ele é inconsciente disso. ... Isso nunca será suficiente".[21] Nunca será suficiente, pois a sabedoria só é obtida por aqueles que a buscam de forma altruísta.

☐ O Altruísmo é *Yoga*

Aceitar o sofrimento como uma verdade implica uma profunda

---

[21] *Cartas dos Mahatmas Para A.P. Sinnett*, Carta nº 2, edição cronológica. (N. E.)

preocupação com a situação em que o mundo está, há milhares de anos, e o desejo ardente de socorrer "a grande órfã", a humanidade. A existência do sofrimento não parece uma verdade quando é examinada casual ou superficialmente. O verdadeiro altruísmo também é diferente de "querer ajudar", no sentido usual do termo. Uma ação realmente altruísta é uma forma de *yoga*, descrita pelas palavras de origem sânscrita *karma yoga*. Ela deve estar totalmente livre da vaidade de imaginar que se está em uma posição superior, em que é possível ajudar.

A história da humanidade demonstra que, apesar de existirem inúmeras pessoas que têm boas intenções em relação aos outros, o mundo continuou o mesmo. O mero desejo de fazer o bem a outra pessoa não dá, de forma alguma, a sabedoria necessária para ser realmente útil. Só o indivíduo que se preparou através do estudo profundo, que inclui a observação da Natureza externa e da natureza humana, é capaz de aprender a servir no sentido verdadeiro.

A vida é extremamente criativa, e funciona renovando-se de modo inimaginável e surpreendente em todos os lugares onde está presente. Seu modo de crescer ou desenvolver-se jamais pode ser previsto por uma mente pessoal, pois a força criativa não pode ser compreendida dentro dos limites das atividades mecânicas do pensamento. “O mundo – aquele das existências individuais – é cheio de significados latentes e propósitos profundos, que formam a base de todos os fenômenos do Universo, e só a Ciência Oculta – isto é, a *razão* elevada à sabedoria suprassensível – pode fornecer a chave para revelá-los ao intelecto.”[22] Aquilo que permite a maior manifestação dos poderes e das faculdades da consciência e

---

[22] *Cartas dos Mahatmas Para A.P. Sinnett,* obra citada, Carta nº 17, edição cronológica. (N. E.)

da vida interior é útil em qualquer situação.

Só o "orgulho e a resistência à verdade" leva-nos a supor que podemos saber o que é *bom* para o outro. O verdadeiro altruísta não faz tal suposição. Delicadeza, humildade e sensibilidade profundas são as marcas da maturidade necessária, antes que se possa ajudar os outros. "Seja humilde, se quiser alcançar a Sabedoria".[23]

---

[23] *A Voz do Silêncio,* 2012, Ed. Teosófica, Brasília. (N. E.)

H.P.B. escreve que "o altruísmo é uma parte essencial do autodesenvolvimento". Na medida em que a consciência de uma pessoa torna-se plena de sentimento altruísta, ela passa a ter as qualidades que mencionamos e, portanto, começa o seu desenvolvimento. Um dos paradoxos da vida interior é que se deve aprender a ajudar e a ser realmente útil, mesmo sem se sentir qualificado para ajudar. O mais humilde é o mais sábio e o que está melhor qualificado para servir ao mundo. O altruísmo é uma mudança substancial na qualidade da mente, mais do que uma ação específica qualquer. Quando há o estado interior correto em nós, a ação correta ocorre automaticamente.

"Lembre-se sempre de que o *verdadeiro Ocultismo ou Teosofia* é 'a Grande Renúncia ao eu', incondicional e absolutamente, tanto em pensamento quanto em ação. Ela é ALTRUÍSMO, e aquele que o pratica deixa de fazer parte do mundo dos vivos."[24] Como vimos, a compreensão altruísta é aquele estado no qual não existem mais a teimosia e o desejo de moldar a vida conforme os padrões criados por si mesmo. Enquanto existir o eu pessoal, com sua vaidade e orgulho, o altruísmo é impossível. O progresso altruísta é a habilidade de anular o eu pessoal, o que se consegue através

[24] H. B. B., *Ocultismo Prático,* capítulo intitulado: Ocultismo *versus* Artes Ocultas, Ed. Teosófica, 4ª edição 2011, Brasília. (N. E.)

da compreensão dos movimentos deste eu. O "começo da Sabedoria" não é o "temor a Deus", mas sim a compreensão do eu. O Autoconhecimento – ou *Ātma vidya*, para usar o termo sânscrito – "é o único tipo de altruísmo que todo teosofista... sábio e desinteressado deve buscar."[25]

---

[25] *Ocultismo Prático,* obra citada. (N. E.)

☐ Observe o que Ocorre Interiormente

A existência do eu é conhecida através dos seus movimentos na forma de pensamentos, emoções, motivações e assim por diante. Se não há movimento, é impossível ter consciência do eu. Para compreender a sua natureza, é preciso, portanto, entender o que está acontecendo interiormente, o que não é fácil, porque a natureza e a qualidade das atividades da mente estão constantemente se modificando. Se a mente aprendeu a ser sofisticada, essas mudanças são rápidas e sutis. São necessárias clareza, lógica e perspicácia para que a pessoa possa perceber e entender estes movimentos.

A observação dos fatos externos aumenta a perspicácia e a clareza. A pessoa que não está acostumada a observar fica, inevitavelmente, em desvantagem diante da tarefa de conhecer o eu. Assim, deve-se aprender a ver as árvores, a terra, o céu e as estrelas, a feiura e a beleza, a dor e a alegria.

Pode parecer uma perda de tempo fazer algo tão banal como olhar e observar as coisas. Mas isso é necessário para que cada candidato ao autoconhecimento perceba as limitações de seu poder de observação; como ele perde modulações sutis e nuances, e de que forma pode aprender sobre cores, formas, movimentos e sentimentos através da observação cuidadosa.

Ao fazer isso, a mente aprende a olhar, ganha lucidez e perspicácia, flexibilidade e sutileza, e faz uma preparação para olhar para dentro. Também é preciso que a mente aprenda a ser racional e lógica na observação dos fatos, pois sem essa capacidade, provavelmente ela será enganada ao olhar as atividades internas.

O engano faz parte da estrutura do eu. Ele está sempre tentando ser diferente do que é e procurando impressionar os outros com o que não é. Quer parecer inteligente ou virtuoso, conforme as circunstâncias. Para cada pessoa, o eu apresenta uma face diferente, consciente ou inconscientemente. Esconde suas características próprias e finge, ou cobre-se com falso brilho. Para enxergar o jogo do eu e perceber suas ações sutis, ocultas e que são rapidamente mutáveis, é indispensável ter perspicácia.

O conhecimento do eu é obtido por aqueles que têm uma

real intenção de compreendê-lo. Como é raro isso acontecer, pouquíssimos seres humanos adquiriram o autoconhecimento. Os interesses ocultos ou invisíveis em cada indivíduo e em cada aspecto da sociedade criam obstáculos formidáveis à investigação do eu. A pressão desses interesses desvia constantemente a mente de um exame minucioso e cria desculpas para a preocupação com outras coisas.

Devido a essa forte compulsão psicológica, o homem tem atribuído, desde há muito, a causa do mal e do sofrimento a circunstâncias externas. Há séculos, as pessoas têm tentado modificar sistemas, teorias e todas as coisas, exceto elas mesmas.

Pouquíssimas pessoas gostam de admitir que os enormes e complicados problemas do mundo não podem ser solucionados mudando o curso da história ou a organização da sociedade. A solução está obviamente no criador do problema, ou seja, no próprio homem, mas ele não quer aceitar esse fato desagradável.

A herança biológica do homem o faz buscar sobrevivência e segurança. Em grande parte, ele mantém intacta sua herança animal, que serve para garantir a segurança da vida tanto para si quanto para as outras espécies. Essa segurança é obtida quando se tem comida suficiente e adequada para manter o corpo saudável; e quando se tem abrigo e roupas para proteger o indivíduo. No entanto, a mente humana deu uma importância excessiva às necessidades básicas, e fez o homem acreditar que enormes mansões, uma grande variedade de objetos, diversos tipos de comida, iguarias e prazeres são necessários à sua existência.

Como resultado desse desejo infindável de mais e mais objetos para essa suposta segurança e bem-estar, foi criada uma vasta organização que cria incontáveis objetos, fábricas, mercados, sistemas bancários, redes de comunicação e assim por diante.

Agora o homem é vítima de sua própria organização e se sente como uma peça de engrenagem numa enorme máquina, sofrendo com a sensação de alienação que é um sintoma dos tempos atuais. Tudo isso porque o que era inicialmente um simples instinto biológico de autoconservação tornou-se para o ser humano um impulso psicológico, do qual ele nem sequer está consciente, e que é incapaz de frear, mas que precisa conter para ser livre.

A busca frenética de segurança e prazeres tornou-se, ela própria, uma ameaça à segurança. A recusa a olhar para os interesses psicológicos dentro de si mesmo leva o homem a tentar se realizar febrilmente, buscando cada vez mais coisas do mundo exterior e tentando sempre se tornar algo diferente do que é. As atividades mentais com que ele se satisfaz superficialmente fazem, devido à sua própria natureza, com que ele se sinta vazio por dentro, e o levam a procurar alguma compensação através da aquisição de poder, propriedades e prazeres. A corrida por essa aquisição, obviamente, é perigosa e causa frustração.

□ A Purificação da Mente

Conhecer o eu com clareza é uma tarefa que exige dedicação e cuidado. Não basta dizer "sou ganancioso", etc., e voltar-se imediatamente para outras coisas. O "eu", em seu desejo de sobreviver, faz com que a pessoa se disperse o tempo todo.

A pressão de uma substância mental antiquíssima, a "resistência a abandonar uma ordem estabelecida de coisas", está por trás do impulso para a distração. A fim de olhar firme e claramente para dentro de si e não fugir aos fatos, é preciso que tenha havido antes um período suficiente de contemplação para que surja a firme convicção de que não existe solução para o problema humano a não ser através da purificação da mente. O problema humano é, naturalmente, um problema de cada um, bem como de toda a humanidade.

"O eu da matéria e o Eu do Espírito não podem jamais se encontrar. Um deles deve desaparecer; não há lugar para os dois."[26] Enquanto não termina o eu da matéria – que é o eu pessoal com sua herança animal e seus

---

[26] *A Voz do Silêncio,* 2012, Ed. Teosófica, Brasília. (N. E.)

interesses – o esplendor do Espírito não pode ser descoberto. "Diz a Grande Lei: 'Para tornar-te conhecedor do Eu Total, tu deves conhecer primeiro o Eu'. Para alcançares o conhecimento desse Eu, tu tens que trocar o Eu pelo não Eu, o ser pelo não ser."[27]

Essa misteriosa verdade não é levada a sério porque o eu pessoal, astuciosamente, leva a mente a duvidar dessa afirmação e à

---

[27] H.P.B. em *A Voz do Silêncio.* (N. E.)

esperança de encontrar outra solução.

Aqueles que são considerados buscadores espirituais tentam normalmente encontrar soluções através de deuses, gurus e mestres, de escrituras, das palavras de outras pessoas, de mantras e de cerimônias, de pseudossalvadores e todo tipo de disfarces. Essas esperanças, crenças e dúvidas tornam impossível encontrar a energia necessária para entender o eu.

Portanto, é essencial pensar de forma lógica as questões básicas e os fatos da vida e obter uma profunda convicção de que toda a nossa energia deve ser canalizada para a compreensão do eu. Essa energia foi chamada, na literatura antiga, de *Virya*, "a energia destemida que abre seu caminho pelo lamaçal das mentiras do mundo em busca da verdade celestial."[28] Quando essa energia

[28] H.P.B. em *A Voz do Silêncio*. (N. E.)

surge da ausência de dúvidas sobre o trabalho a ser feito, então é possível encarar sem distrações os movimentos. Essa forma de olhar sem distrações, desculpas ou tentativas de fuga, é, também, um aspecto de *dharana*. Ser capaz de meditar sobre o que há dentro de nós, sem distrações, faz parte do aprendizado necessário para não *nos transformarmos* no que não somos, pois esse *tornar-se algo* é a busca do mundo exterior.

O trabalho necessário para alcançar o conhecimento do eu não é fácil. É uma tarefa para uma vida toda.

"– A estrada serpenteia subindo o tempo todo?

– Sim, até o final.

– A viagem leva o dia inteiro?

– Desde a manhã até a noite, meu amigo."[29]

O trabalho que precisa ser feito durante todas as horas do dia é

---

[29] Radha Burnier reproduz aqui palavras da poetisa inglesa Christina Rosetti, citadas na Carta 42 de *Cartas dos Mahatmas Para A. P. Sinnett*. (N. E.)

tamanho todos os dias, durante toda a vida. Não basta reservar uma pequena parte do dia para essa tarefa. "Aquele que quiser ver *além*...deve possuir uma determinação de ferro, que nunca falha, e no entanto deve ser amável e gentil, humilde, e deve ter expulsado do seu coração toda paixão humana, que leva ao mal."[30] O aspirante deve ser impulsionado por um espírito que diz: "Uma vez

---

[30] *Cartas dos Mahatmas Para A.P. Sinnett*, Vol. I, obra citada, Carta 126, edição cronológica. (N. E.)

no caminho para o grande conhecimento, chegarei à meta ou morrerei."

A palavra *Nirvana* significa, literalmente, extinguir. A extinção de todas as ações do eu pequeno é o caminho para esse grande desconhecido que é o *Nirvana*. Na terminologia do *yoga* ele é descrito como o silenciar dos movimentos da mente, pois a mente é a criadora do pequeno eu pessoal. Alcançar o *Nirvana* não é tornar-se algo, mas eliminar o egoísmo. A filosofia Vedanta assinala que *Brahman,* ou o verdadeiro Ser, não pode ser encontrado através da busca nem da tentativa de adquirir algo, seja conhecimento ou qualquer outra coisa.

Brahman é encontrado através da negação, da rejeição de tudo o que é falso. A falsidade se expressa nos movimentos da mente, que se baseiam na noção, limitada ou ampla, de sobrevivência e de segurança. É também o movimento da busca de prazer. A negação total da sobrevivência e do prazer é o abandono do eu ao não eu, do ser ao não ser. Uma vez que cada um tem que negar seu próprio pequeno eu e descobrir o grande Não eu, o autoconhecimento não pode ser obtido de outra pessoa. Não pode ser alcançado através de informações obtidas em livros. Cada pessoa tem que fazer seu próprio trabalho, e tem de fazê-lo diariamente.

☐ Ação Correta

À medida que o eu é compreendido e negado, pode-se dizer que existe uma verdadeira retidão na ação. A ação não se torna correta através das regras da sociedade ou de códigos de comportamento aprovados por convenções sociais. A ação correta surge de uma mente que descartou a noção do "eu", a falsa personalidade, e destruiu os grilhões forjados pelo egoísmo. "A ética é a alma da Religião-

-Sabedoria" – e "a Teosofia tem que incutir Ética; ela precisa purificar a alma, se pretende abrandar o sofrimento, mesmo o sofrimento físico."[31]

Uma conduta verdadeiramente ética, nesse sentido, é o único modo de libertar-se do sofrimento, pois impede que seja gerado mais sofrimento. Assim, toda religião autêntica tem como base a ética.

---

[31] H.P.B., em *A Chave Para a Teosofia,* obra citada. (N. E.)

Embora os mandamentos das diferentes religiões possam ter sido deturpados, e depois modificados, a base universal da ética mostra que a religião não pode existir sem retidão. Como citou H.P.B., "uma árvore é conhecida por seus frutos", e "uma quantidade limitada da verdadeira ciência é melhor do que uma grande quantidade de ensinamentos não digeridos e mal compreendidos". Mesmo pouco autoconhecimento pode ajudar a humanidade a avançar rapidamente até alcançar uma estatura moral capaz de trazer paz e harmonia aos homens.

"A alma do homem é imortal, e o seu futuro é o futuro de algo cujo crescimento e esplendor não têm limites."[32]

A alma do homem é essencialmente a faculdade de conhecer e de compreender. O que caracteriza o ser humano é a qualidade da sua consciência. Ele tem consciência do ambiente, da

---

[32] Mabel Collins em *O Idílio do Lótus Branco,* Editora Teosófica, 2000, Brasília, p. 67. (N. E.)

Natureza, dos objetos, dos outros seres humanos e de outras formas de vida.

Os animais também podem observar a realidade objetiva à sua volta, frequentemente melhor do que os seres humanos, pois seus sentidos não ficaram embotados e insensíveis devido às preocupações de uma mente envolvida consigo mesma e ocupada com uma rede de acontecimentos passados. Não é a capacidade de ter consciência das coisas externas, portanto, que diferencia o ser humano. A essência da percepção humana é a sua capacidade de ter consciência dos fatos não materiais e intangíveis. A civilização, também, que é peculiar à vida humana, não se limita à criação de uma estrutura social, ou à construção de pirâmides, templos ou arranha-céus.

Nos vários aspectos da vida, a grandeza da civilização depende de como ela incorpora valores como a beleza, a harmonia, a liberdade, a integridade ou o *dharma*, e assim por diante. Todos esses valores indicam realidades intangíveis mas, ainda assim, totalmente válidas. O desenvolvimento do espírito humano está na consciência ampliada e, em última análise, na expressão perfeita dos valores internos e inerentes à própria natureza da consciência.

❑ A Fonte de Felicidade

Na Índia antiga, a consciência, em sua dimensão pura e absolutamente verdadeira, era considerada sinônimo de inteligência e bem-aventurança.

A constatação de que não é só o ser humano que procura a felicidade, mas todas as formas de vida, prova que a felicidade é inerente à natureza da consciência. Ninguém questiona por que é feliz. Todos têm como certo que a felicidade é um estado natural e que têm o direito de experimentá-la. Só quando ela não existe eles se sentem impelidos a perguntar por ela. Quanto menos consciência houver florescido nos seres humanos, mais eles sentirão um vazio e um descontentamento, que se manifestam numa ânsia de procurar o que, na opinião deles, contribuiria para sua felicidade.

Buscar continuamente a felicidade no mundo exterior, através da família, dos amigos, dos objetos, do dinheiro, etc., é uma ilusão tremenda em que os homens estão presos. Na tradição oriental, essa ilusão, que já dura há longas eras, é comparada a um enorme oceano no qual os seres humanos estão submersos. É o "oceano do vir a ser", conhecido em sânscrito como *bhava-sagara*.

A ilusão começa a ter fim quando se reconhece que é um enorme erro buscar a felicidade no mundo exterior. Essa busca desesperada aniquila o que se procura, pois a fonte da felicidade é a própria consciência. A verdadeira felicidade só é possível quando se permite que a consciência interior se revele e se torne presente na maior parte do tempo.

Para a mente moderna, a verdade do desapego parece irremediavelmente remota, pois ela está acostumada à excitação, aos prazeres e à ênfase na experiência. Desapego é sempre sinônimo de renúncia às coisas, às responsabilidades, pessoas e atividades externas. O verdadeiro desapego tem que ser compreendido como uma condição interior que possa surgir independentemente de quaisquer circunstâncias externas. O desejo de renunciar às coisas externas e de escapar delas é em si mesmo uma forma de apego. O desapego é a total libertação do desejo por experiência ou da lembrança da experiência. É a constante eliminação do pó que se acumula sobre o espelho da consciência, a fim de que ele produza sempre um puro reflexo da verdade. A sabedoria antiga ensina que a mente que não se prende a nada alcança o *Nirvana*.

A mente se apega ao que ela está acostumada e lhe é familiar. Por essa razão não é fácil se libertar dos hábitos. A mente se apega a convenções, padrões estabelecidos e tradições. Ela teme a morte, pois a morte a privará do que ela conhece.

Krishnamurti salienta que não se pode ter medo do desconhecido, porque é desconhecido. O medo da morte é o medo de perder o que conhecemos. As lágrimas derramadas pela morte de alguém são frequentemente causadas pela perda do apoio material ou psicológico a que se estava acostumado. O apego também se mostra como ânsia de existir na forma que se conhece, possivelmente com algumas modificações de acordo com os desejos não atendidos. O desejo de "ser" faz parte da lista de fatores que incapacitam a mente para o *yoga*. Este é o arraigado e, às vezes, sutil desejo de continuidade existente em todos os indivíduos. Há um anseio de perpetuar-se através dos filhos e da família ou de algum tipo de fama, e até mesmo por meio de fotografias e retratos pendurados em diferentes lugares.

O desejo de continuidade através da fama já fez homens arriscarem suas vidas para realizarem atos supostamente heroicos. Também se expressa na grande importância que a mente pode dar às reencarnações, ao mesmo tempo que imagina suas vidas passadas e futuras, deleitando-se já com as novas realizações que terá em outras reencarnações. Uma forma de manifestação do mesmo desejo é a preocupação com a existência pós-morte, o que leva as pessoas a recorrerem a médiuns e sessões espíritas.

□ O Desejo de "Ser" Deve Ser Anulado

A reencarnação tem sido ensinada como parte da filosofia de diversas religiões, devido à sua explicação para o sofrimento da vida e a justiça, ou injustiça dos acontecimentos. A crença na reencarnação sem dúvida ajuda aqueles que se desesperam, especialmente quando os dogmas religiosos insistem que se não houver progresso – segundo determinadas linhas – durante uma só curta vida, haverá uma condenação eterna.

Apesar desse apoio dado pelo ensinamento sobre a reencarnação, o mais sábio dos homens, o Senhor Buda, nunca falou explicitamente sobre o tema, nem foi dada ênfase ao assunto por outras importantes escolas de pensamento e alguns grandes mestres.

A razão é clara. Embora a vida e a consciência possam se manifestar sucessivamente em diversos veículos, esse fato tem pouca importância para os que buscam seriamente se libertar da ignorância e do sofrimento.

Essa libertação é a extinção do desejo e do apego. O apego à ideia de continuidade, sob quaisquer formas, como os outros tipos de apego, é um obstáculo à liberdade. Deve-se dar atenção especial a essa forma específica de apego, pois ela é extremamente sutil e se esconde nas áreas mais profundas da mente. Ao tentar entender o eu, o "desejo de ser" deve ser procurado e anulado, antes de se poder dizer que o "ser" foi entregue ao "não ser". Extirpar o desejo de continuidade é muito mais importante do que investigar as vidas passadas ou especular sobre a existência futura.

A consciência tem dentro de si todos os poderes criativos que o homem pode desejar. Sua capacidade criativa floresce quando não está presa a coisas específicas através do apego. Tanto o apego a experiências passadas como o apego ao presente são limitações no tempo e no espaço.

A capacidade de conhecer, que é a essência da consciência, é ilimitada. De fato, não há conhecer exceto na consciência de alguém, pois se os objetos não são refletidos na consciência, eles deixam de ser objetos. Por outro lado, mesmo quando uma coisa não possui existência objetiva, se ela surge na consciência de alguém, passa a existir de fato para essa pessoa.

O que pode ser conhecido não tem limites, e tudo o que é cognoscível é potencialmente uma parte da consciência. No entanto, a mente humana ignora o infinito e se apega a um conjunto insignificante de fatos conhecidos, com os quais ela própria se identifica. Esses fatos e experiências com os quais aprende a se identificar são chamados por ela de "meu conhecimento".

O apego a um conjunto de fatos conhecidos, sejam eles pertencentes ao passado ou ao presente, limita o poder de conhecer a uma esfera muito pequena. Toda a informação possuída pelo mais erudito dos cérebros ainda é insignificante perto do que a consciência é capaz de conhecer.

Um Adepto, no sentido espiritual, é aquele que desenvolveu à perfeição capacidades que todos os seres humanos possuem numa escala germinal ou restrita. Um dos Adeptos escreveu: "Acreditem, chega um momento na vida de um adepto em que as dificuldades que ele enfrentou são recompensadas em uma proporção de um para mil. Para adquirir mais conhecimento ele já não tem que passar pelo minucioso e lento processo de investigação e comparação dos diversos objetos, mas passa a ter uma percepção instantânea de toda verdade..... o adepto vê, sente e vive na própria fonte de todas as verdades fundamentais – a Essência Universal e Espiritual da Natureza..."[33]

☐ A Libertação dos Apegos

O ilimitado poder criativo da consciência só pode operar quando não existem mais a limitação do apego, nem a identificação com os objetos. Com a

---

[33] *Cartas dos Mahatmas Para A.P. Sinnett*, obra citada, Carta 17 na edição cronológica. (N. E.)

libertação dos apegos, dá-se a descoberta de mais um dos valores eternos inerentes à consciência.

Devido ao fato de que quando não há liberdade interna os outros valores absolutos não podem florescer, no oriente, a libertação espiritual é considerada o objetivo fundamental da existência humana. A liberdade, como a felicidade, é buscada instintivamente pela vida confinada em quaisquer formas, o que indica que a liberdade é inerente à própria natureza do ser humano. Quando está livre do apego às coisas finitas, a consciência recupera seu estado natural e original.

A liberdade tem sido descrita como o estado natural do ser humano em obras sobre *yoga*, pois no estado de liberdade se manifesta tudo o que é inerente à consciência, inclusive valores ainda não mencionados. Sabedoria, amor, harmonia, pureza e plenitude são alguns dons naturais da consciência – além de liberdade, bem-aventurança e inteligência.

O despertar dos poderes latentes no homem é a descoberta

da natureza pura e essencial da consciência. Este fato tem muito pouco a ver com o desenvolvimento de telepatia, clarividência e outros poderes e façanhas aparentes, que não trazem nenhuma mudança fundamental ao ser humano e tampouco expressam a glória de sua consciência. Por outro lado, ao identificar-se com a experiência de realizações nesse campo, o indivíduo se limita e permanece no campo da ilusão, porque toda forma de autoidentificação é ilusória.

Assim, o autoconhecimento é tanto negação como descoberta, e tanto renúncia como realização. É a negação do apego e da ilusão, e a descoberta da natureza verdadeira e dos poderes da vida interior. Através da negação total "dá-se a purificação da mente, não só num nível superficial, mas também em suas profundezas mais ocultas. Quando a mente é esvaziada de seu conteúdo acumulado, não mais existe o "eu", o acumulador. Esse conteúdo, a memória acumulada, é o "eu" que, por sua vez, não é uma entidade independente do conteúdo acumulado..... a mente precisa estar completamente vazia para receber; mas a ânsia de se esvaziar para receber é um obstáculo profundamente arraigado, e isso também precisa ser compreendido como um todo, não em qualquer nível específico.

A ânsia pela experiência deve cessar por completo, o que só acontece quando aquele que experimenta não está se alimentando de suas experiências e memórias."[34]

Quando existe uma real compreensão do eu e já houve a purificação, não existe "eu" no sentido usual do termo. Portanto, a própria palavra "autoconhecimento" não tem sentido nessa situação. Ela poderia sugerir a existência de um conhecedor que conhece o "eu" como um objeto de conhecimento.

---

[34] J. Krishnamurti, *Comentários Sobre o Viver.* (N. E.)

Mas no estado em que há conhecimento profundo e verdadeiro, que é o estado da sabedoria, não há dualidade; não há "eu" a ser conhecido; não há conhecedor nem objeto do conhecimento. "O Real Conhecimento... não é um estado mental e sim um estado espiritual que implica plena união entre o Conhecedor e o Conhecido."[35]

---

[35] *Cartas dos Mahatmas Para A. P. Sinnett,* obra citada, Carta nº 69, edição cronológica. (N. E.)

Aprendendo a Viver a Teosofia

Radha Burnier

Esta obra investiga tanto os fundamentos da meditação, quanto a consciência e seus poderes, visando despertar a nossa auto-observação para expandir nossa percepção dessa sabedoria da vida.

Fundamentos da Filosofia Esotérica

H.P. Blavatsky

Compilação de trechos de obras de Helena P. Blavatsky, especialmente *A Doutrina Secreta* e *Ísis Sem Véu,* visando apresentar os fundamentos do genuíno esoterismo. A obra descreve princípios que o estudante deve assimilar através de uma calma reflexão meditativa.

Mais informações sobre Teosofia e o Caminho Espiritual podem ser obtidas escrevendo para a Sociedade Teosófica no Brasil no seguinte endereço: SGAS – Quadra 603, Conj. E, s/nº, CEP 70.200-630 Brasília, DF, Brasil. Ou telefonando para (61) 3226-0662. Também podem ser feitos contatos pelo email: secretaria@sociedadeteosofica.org.br.